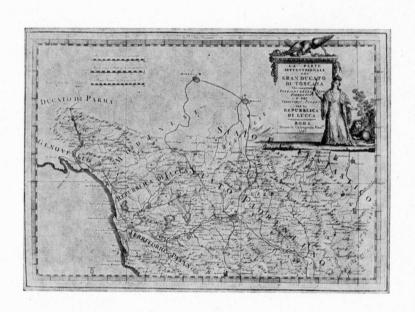

BIBLIOTECA DI «LARES»
Vol. XLII

RENATO BELLABARBA

PROVERBI TOSCANI
ILLUSTRATI

presentazione di Paolo Toschi

FIRENZE
LEO S. OLSCHKI EDITORE
MCMLXXIV

FLORENCE TRESNOBLE CITE

La Cité de Florence Metropolitaine des Tuscans, pourtraicte au vif au plus pres qu'il a esté possible,
selon la situation où elle est à present.

PRESENTAZIONE

L'antichissima origine del proverbio e la sua presenza nel linguaggio di quasi tutti i popoli del mondo hanno portato, naturalmente, alla sua diffusione sopra un'area vasta e difficilmente segnabile in precisi confini. Ma esso si è ambientato, adeguando l'esatta forma espressiva alla psicologia, al tono e al gusto dei popoli presso i quali si è acclimatato; e questa acclimatazione ha servito a caratterizzare il gusto del popolo, anzi possiamo dire della collettività, in ambito regionale.

Di questo principio, in questi ultimi anni si è avuta una particolare testimonianza nella ricerca compiuta dal Bellabarba, prima con la raccolta dei proverbi marchigiani (l'a. è originario di quella regione) e ora con quella dei proverbi toscani, che qui ho il piacere di presentare.

Il proverbio toscano si presta in maniera particolare a evidenziare le qualità intellettuali, spirituali e pratiche del popolo toscano; vi si nota un'autentica saggezza, ma anche uno schietto umorismo, a volte sorridente e piacevole, a volte pungente e scanzonato. Ma per offrirne una raccolta significativa occorreva possedere una capacità di scelta abile e illuminata: e l'autore del presente volume ce ne ha data un'ammirevole prova.

Questa antologia del Bellabarba è integrata da un commento attinto dal confronto con proverbi marchigiani, veneti e francesi. La sua comprensione e la sua lettura sono rese più piacevoli da illustrazioni di stampe

V

popolari, che quindi si accordano perfettamente con il tono poetico del detto popolare. Così il lettore, quasi inavvertitamente, si trova al centro di un vasto mondo demologico ricco di valori assoluti.

Ricordiamo che la prima sintesi si ebbe con la « Raccolta di Proverbi toscani » di Giuseppe Giusti, che vide la prima volta la luce nel 1853, e che fu poi ampliata e di nuovo pubblicata da Gino Capponi nel 1871.

PAOLO TOSCHI

NOTA INTRODUTTIVA

Nel 1971 pubblicai presso Olschki un libro di proverbi marchigiani, attratto dall'ingenua bellezza di quelle antiche massime. Per evitare la monotonia di una mera elencazione li commentai con altri proverbi collegati per analogia o per contrasto e li illustrai con incisioni tipografiche fin de siècle.

Seguendo lo stesso metodo, e con lo stesso fine di delineare una dimensione psicologica tipicamente regionale, ho predisposto il presente lavoro traendo dall'ormai classica « Raccolta » del Giusti [1] i detti più tipici e curiosi, compatibilmente con la possibilità di commentarli. Solo qualche volta – un asterisco indica questa provenienza – mi sono valso dell'« Archivio per lo studio delle tradizioni popolari ». [2]

Ma diverse sono le caratteristiche: alla sorridente solennità e alla bonaria ironia dei proverbi marchigiani subentrano qui l'arguzia e la finezza dello spirito toscano, profuse in un grande ambito di contenuti. Una conferma della preminenza culturale e politica della Toscana anche nel campo del folklore.

---

[1] *Raccolta di proverbi toscani nuovamente ampliata da quella di Giuseppe Giusti e pubblicata da Gino Capponi*, Firenze, 1871, Successori Le Monnier.

[2] Voll. II, VII, XIII, XXI.

Vorrei ora richiamare l'attenzione del lettore su poche considerazioni pratiche riguardanti strettamente il libro, evitando di indugiare su argomenti comuni a tutte le raccolte di proverbi, come quello della possibile pluralità di significati di una stessa massima o quello della variabilità della forma.

A questo proposito, poiché i proverbi raccolti nel volume sono da considerarsi degli esempi e non un testo completo e critico, non ho menzionato eventuali varianti. Tanto più che tale menzione avrebbe offuscato la caratteristica principale del libro, che è la connessione realizzata nelle singole combinazioni, e l'avrebbe appesantito inevitabilmente.

Come sarà facile costatare, ho escluso tutti quei proverbi che, per il loro tono ampolloso o didascalico, potevano contraddire ad una lettura rapida e divertente.

Ho mantenuto l'esatta grafia della « Raccolta » del Giusti anche in parole (come *cammino, adaggio, scuoprire*) che potrebbero apparire al lettore frettoloso errori di stampa, ma che errori non sono.

Quanto ai commenti, ho utilizzato generalmente altri proverbi toscani, attingendo alle fonti sopra indicate, o francesi, giovandomi dei testi di M. Maloux [3] e di J. Pineaux.[4]

---

[3] *Dictionnaire des proverbes, sentences et maximes*, Paris, 1960, Larousse.

[4] *Proverbes et dictons français*, Paris, 1967, Presses universitaires de France.

In pochissimi casi ho riportato proverbi marchigiani e veneti uditi dai parlanti.

Ho ricavato la parte iconografica da vari volumi; [5] qualche volta ho usato stampe non facenti parte di raccolte.

R. B.

---

[5] *5000 vignettes françaises fin de siècle*, J. J. Pauvert, Paris, 1966; *Handbook of early advertising art*, Dover publications, New York, 1956; LEONARD de VRIES, *Victorian advertisements*, John Murray, London, 1968; HEATHER CHILD and DOROTHY COLLES, *Christian symbols ancient and modern*, G. Bell and sons ltd., London, 1971; LISA PONOMARENKO et ANDRÉ ROSSEL, *La gravure sur bois à travers 69 incunables et 434 gravures*, Ed. Les yeux ouverts, Paris, 1970; A. PAOLO TORRI, *Gli stemmi e i gonfaloni delle Province e dei Comuni italiani*, vol. I, Casa ed. Noccioli, Firenze, 1963; GÜNTHER SCHIEDLAUSKY, *Essen und Trinken*, Prestel Verlag, München, 1959; JACQUES SIMON, *L'art de connaître les arbres*, Hachette, 1965; W. COLE and F. ROBINSON, *Women are wonderful*, Houghton Mifflin Company, Boston, 1956.

PROVERBI TOSCANI
ILLUSTRATI

Dio ti guardi da furia di vento,
da frate fuor di convento,
da donna che parla latino
e dagli uomini a capo chino

LA DONNA E L'AMORE

Agli amanti fiorai
non gli creder mai

Giuramento d'amante
poco conta e meno vale

Suocera e nuora,
tempesta e gragnuola

Avant de te marier
aie maison pour habiter

*

Amore nuovo va e viene
ed il vecchio si mantiene

*L'amore di carnevale
muore in quaresima*

Calcio di stallone
non fa male alla cavalla

*Chi soffre per amor
non sente pene*

A donna bianca
bellezza non le manca

Il bruno il bel non toglie
anzi accresce le voglie

Chi ama il forestiero: in capo al mese
monta a cavallo e se ne va al paese

L'amor del mariner no dura un'ora,
per tuto dove 'l va lu s'innamora (ven.)

A donna di gran bellezza
dagli poca larghezza

Beltà e follia
vanno spesso in compagnia

Chi ha bella donna e castello in frontiera
non ha mai pace in lettiera

Belle femme
a peine à rester chaste

Chi ha bella moglie
la non è tutta sua

Bella faccia
il cuore allaccia

Bontà passa beltà

Onestà e gentilezza
sopravanza ogni bellezza

Chi sa ben trovar meloni
trova buona moglie

*Femme et melon
à peine les connaît-on*

Donna specchiante
poco filante

*Piglia casa con focolare
e donna che sappia filare*

Pecore e donne
a casa a buon'ora

Filles et verriers
sont toujours en danger

Chi ha le buche nelle gote
si marita senza dote

Le bellezze
son le prime spedite

Il letto è buona cosa,
chi non può dormir riposa

La tavola e il letto
mantiene l'affetto

Donna e luna,
oggi serena domani bruna

Souvent femme varie,
bien fol est qui s'y fie

Donna prudente
è una gioia eccellente

Donna buona
vale una corona

Donna oziosa
non può esser virtuosa

Donna adorna
tardi esce e tardi torna

Donne e sardine
son buone piccoline

*Nella botte piccola
ci sta il vin buono*

Moglie e ronzino
pigliali dal vicino

*Chi di lontano si va a maritare
sarà ingannato o vuol ingannare*

**Donne e oche
tienne poche**

*Fiume, grondaia e donna parlatora
mandan l'uom di casa fuora*

**Giovane ritirata,
giovane desiderata**

*La ragazza è come la perla,
men che si vede e più è bella*

Non dare i calzoni
alla moglie

La poule ne doit point
chanter devant le coq

In casa de' galantuomini
nasce prima la femmina e poi gli uomini

La putea
fa la mama bea (ven.)

Figlie, vigne e giardini
guardali dai vicini

*Qui a des filles
est toujours berger*

Figliuoli e lenzuoli
non son mai troppi

*Figliuole e frittelle
quante più se ne fa più vengon belle*

Chi di gallina nasce
convien che razzoli

La quercia
non fa limoni

La donna alla finestra,
la gatta alla minestra

Fille fenestrière ou trottière
rarement bonne ménagère

Amore onorato,
né vergogna né peccato

*La castità
è la prima beltà*

Alla porta chiusa
il diavolo volta le spalle

*Castello che dà orecchia
si vuol rendere*

Chi ama donna maritata
la sua vita tien prestata

*Chi non risica
non rosica*

Tanto vale il cardone senza sale
quanto far col marito il carnovale

Il pane di casa stufa

Chi aspetta,
Dio l'assetta

Ragazza che dura
non perde ventura

Giugno, luglio e agosto,
né acqua né donna né mosto

Quando tu senti cantar la cica
piglia il fiasco e lascia star la fica (*)

*

Porta stanca
diventa santa

Quando non si può più
si torna al buon Gesù

Chi vive carnalmente
non può viver lungamente

Donna e fuoco
toccali poco

Non bazzichi prete e soldato
chi è maritato

Uomo nasuto
di rado cornuto

Figliuole d'osti e caval di mugnai
non te n'impacciar mai

Chi cucina colle frasche
la minestra sa di fumo

L'occhio vuol la sua parte

*Où l'hôtesse est belle
le vin est bon*

In commercio e in amore
sempre soli

*L'innamorato vuol essere
solo, savio, sollecito e segreto*

Chi ama
il ver non vede

Contro amore non è consiglio

E' meglio una cattiva parola del marito
che una buona del fratello

Pane di fratello, pane e coltello;
pane di marito, pane ardito

Al lume di lucerna
ogni rustica par bella

*Alla candela
la capra par donzella*

Chi si marita con parenti,
corta vita e lunghi tormenti

*Nozze e magistrato
dal Cielo è destinato*

Sdegno d'amante
poco dura

Detto d'amore
disarma rigore

Al buio la villana
è bella quanto la dama

De nuit
tout blé semble farine

Uomo zelante,
uomo amante

Pulito amante,
cattivo litigante

Senza Cerere e Bacco
è amor debole e fiacco

Pignatta vuota e boccale asciutto
guasta il tutto

Il parentato
dev'esser pari

*Pari con pari
bene sta e dura*

Gli amori nuovi
fanno dimenticare i vecchi

*I santi vecchi
non fanno più miracoli*

Acqua passata
non macina più

Qui bien aime
à tard oublie

Ai peggio porci
vanno le meglio pere

Aux vilains matous
les belles chattes

Donna pregata nega,
trascurata prega

*L'art de tout avoir
est de n'exiger rien*

Dov'è l'amore
l'occhio corre

*Les premiers billets doux
sont lancés par les yeux*

Uomo e donna in stretto loco,
secca paglia appresso al foco

Stoppa e fuoco
non stan bene in un loco

Caval che suda, uomo che giura e donna pian-
[gente,
non gli creder niente

Femme rit quand elle peut
et pleure quand elle veut

Chi incontra buona moglie
ha gran fortuna

La femme est
la clef du ménage

Quando la donna rimena l'anca
se 'un è puttana poco ci manca (*)

Fior de ginestra,
e la farina fa la vianca pasta,
la caminata fa la donna onesta (march.)

Il variar vivande
accresce l'appetito

Changement de corbillon
fait trouver le pain bon

Chi due lepri caccia
l'una non piglia e l'altra lascia

Qui partout sème
en aucun lieu ne récolte

Dove vi son figliuoli
non vi son parenti né amici

Lu maritu 'ntinirisce,
lu fijju scurpurisce (march.)

Non segue matrimonio
che non c'entri il demonio

Les mariages vus de loin
ne sont que tours et châteaux

Chi ha il neo e non lo vede
ha il buon anno e non lo crede

Chi ha il neo sopra la cintura
ha gran ventura

IL TEMPO E L'AGRICOLTURA

Anno nevoso,
anno fruttuoso

Anno ficaio,
scarso granaio

Son tre cose che gabbano il villano:
il piacer, la credenza e il piover piano

Acqua minuta
bagna e non è creduta

Orzo e paglia
fanno caval da battaglia

*Lettere al culo,
cavalli da tamburo*

Al cavallo
biada e strada

*Cavallo e cavalla, cavalcali su la spalla;
asino e mulo, cavalcali sul culo*

Terra magra
fa buon frutto

Terren grasso,
villano a spasso

Quando l'anno vien bisesto
non por bachi e non far nesto

L'annu visestu,
tutte le cose attraersu (march.)

Il villano
viene sempre col disegno fatto

*Non fu mai villano
senza malizia*

Al villano
la zappa in mano

*Chi è uso al campo
non vada alla corte*

Chi edifica
la borsa purifica

Casa fatta e vigna posta
non si sa quel che la costa

Quando il padrone sta in campagna
guarisce il campo e il fattore s'ammala

Chi non ha il gatto mantiene i topi
e chi l'ha mantiene i topi e il gatto

Sole d'alta levata
non è mai di durata

Sole d'inverno e amor di pagliarda
tardi viene e poco tarda

Seren fatto di notte
non val tre pere cotte

Seren di notte, nuvolo di state,
amor di donna, discrezion di frate

Montanini e gente acquatica,
amicizia e poca pratica

Montanini,
cervelli fini (*)

Chi ha quattrini da buttar via
tenga l'opre e non ci stia

Fa più il padrone co' suoi occhi
che l'opre col badile

Gennaio, ovaio

Ferraietto
è corto e maledetto

Il pover uomo non fa mai ben:
se muor la vacca gli avanza il fien,
se la vacca scampa il fien gli manca

Disegno di pover uomo
mai non riesce

All'Ave Maria
o a casa o per la via

Tra vespro e nona
non è fuor persona buona

Chi si ripara sotto la frasca
ha quella che piove e quella che casca

Chi è savio
si conosce al mal tempo

Quando il gallo canta a pollaio,
aspetta l'acqua sotto il grondaio

*Quannu lu sòle cala co' la 'nzacca
domà 'spèttete l'acqua* (march.)

Delle Cere la giornata ti dimostra la vernata:
se vedrai pioggia minuta la vernata fia compiuta,
ma se tu vedrai sol chiaro marzo fia come gennaro

*Cannelora,
dell'immerno simo fora
ma se pioe e tira véntu
dell'immerno simo drento* (march.).

Sant'Antonio dalla barba bianca,
se non piove la neve non manca

A San Mattia
la neve per la via

Temporal di notte,
molto fracasso e nulla di rotto

Beaucoup de bruit,
peu de fruit

Per San Valentino
primavera sta vicino

San Benedetto,
la rondine sul tetto

Quando piove e tira vento
serra l'uscio e statti dentro

Quando piove alla buon'ora
prendi i bovi, va e lavora

52

Aria rossa da sera
buon tempo mena,
ma se inalza
non le aver fidanza

Sera rossa e nero mattino
rallegra il pellegrino

Di marzo chi non ha scarpe vada scalzo
e chi le ha le porti un altro po' più in là

Marzu, va scarzu 'u villanacciu,
aprì, va scarzu lu villà co' lu gintì (march.)

Nel marzo
un sole e un guazzo

Aprile
quando piange e quando ride

Marzo molle,
gran per le zolle

Mars hâleux
marie la fille du laboureux

Terra bianca,
tosto stanca

Terra nera
buon grano mena

Se il cavallo è buono e bello
non guardar razza o mantello

Caval d'Olanda,
buona bocca e cattiva gamba

San Marco evangelista,
maggio alla vista

San Niccolò di Bari,
la festa degli scolari

D'aprile non ti scuoprire,
di maggio vai adaggio

Fino ai Santi fiorentini
non pigliare i panni fini

Alte o basse
nell'aprile son le Pasque

*Venga Pasqua quando si voglia,
la vien con la frasca e con la foglia*

Pasqua tanto desiata
in un giorno è passata

*Entre Pâques et Rogations
cinq semaines tout au long*

Aprile,
ogni giorno un barile

La pluie d'avril
remplit le grenier

Maggio fresco e casa calda,
la massaia sta lieta e balda

Se maggio va fresco
va ben la fava e anco il formento

Maggio giardinaio
non empie il granaio

Maggio ortolano,
molta paglia e poco grano

Quando il cielo è a falde di lana
anche l'acqua è poco lontana

Brebis qui paissent aux cieux
font temps venteux et pluvieux

Quando è chiara la marina
mangia, bevi e sta in cucina

Montagna chiara e marina scura,
ponti in viaggio senza paura

Se piove per l'Ascensa
metti un pane di meno in sulla mensa

Se piove per Sant'Anna
l'acqua diventa manna

Quando lampeggia da ponente
non lampeggia per niente

Quando lampeggia da tramontana
è segno di caldana

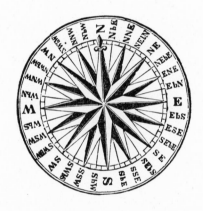

Quando è chiara la montagna
mangia, bevi e va in campagna

Quando è seren ma la montagna scura
non ti fidar, ché non è mai sicura

Nuvolo da ponente
non si leva per niente

Nuvolo di montagna
non bagna la campagna

Quando vedi la nespola e tu piangi
ch'ell'è l'ultima frutta che tu mangi

L'été qui s'enfuit
est un ami qui part

Non fu mai vento senz'acqua,
non fu pioggia senza vento

Vento senese,
acqua per un mese

La prim'acqua d'agosto
rinfresca il bosco

Brache, tela e meloni
di settembre non son più buoni

Per Santa Croce
pane e noce

Se pioe de Santa Croce
addio fichi e nuce (march.)

Di settembre e d'agosto
bevi il vin vecchio e lascia stare il mosto

D'ottobre
il vin nelle doghe

Quando scema la luna
non seminar cosa alcuna

Chi semina con l'acqua
raccoglie col paniere

Chi vuole un pero ne ponga cento
e chi cento susini ne ponga un solo

Chi pianta datteri
non ne mangia

A San Simone
il ventaglio si ripone

A Ognissanti,
manicotto e guanti

Per Santa Caterina
la neve alla collina

Santa Barbara,
sta intorno al fuoco e guardala

Da Santa Lucia a Natale
il dì allunga un passo di cane

Per San Bastiano
un'ora abbiamo

Chi fa il Ceppo al sole
fa la Pasqua al fuoco

Natale in porverella
Pasqua in pantanella (march.)

LA TAVOLA E IL VINO

Carne di gallo,
carne di cavallo

Carne tirante
fa buon fante

Tavola e bicchiere
tradisce in più maniere

Bisogna levarsi da tavola
con la fame

La fame
caccia il lupo dal bosco

Lupo affamato
mangia pan muffato

Al contadino non gli far sapere
quanto sia buono il cacio colle pere

Il villano venderà il podere
per mangiar cacio, pane e pere

Cacio serrato
e pan bucherellato

Il cacio è sano
se vien di scarsa mano

Il vino al sapore,
il pane al colore

Pane un tantino
e vino un tino

Un uovo
vuol sale e fuoco

*Ovo senza sale
non fa né ben né male*

Porco d'un mese, oca di tre,
mangiar da re

*Dell'oca
mangiane poca*

Il troppo guasta
e il poco non basta

Ogni cosa
vuol misura

Pane, noci e fichisecchi,
ne mangerei parecchi

Noci e pane, pasto da villano;
pane e noci, pasto da spose

Pane e coltello
non empie mai il budello

Acqua e pane, vita da cane;
pane e acqua, vita da gatta

Formaggio, pere e pane,
pasto da villano

Formaggio, pane e pere,
pasto da cavaliere

Fuoco che arde in cima
non ne fare stima

*Buon fuoco
fa buon cuoco*

Fava e mela
coll'acqua allega

*Erba cruda, fave cotte,
si sta mal tutta la notte*

Né il re né il desinare
non si fa mai aspettare

*L'exactitude
est la politesse des rois*

Broccoli e predicatori
dopo Pasqua non son più buoni

*Predica e popone
vuol la sua stagione*

Vecchia gallina
ingrassa la cucina

Cappone
non perde mai stagione

LA SALUTE E LA MALATTIA

Acqua di cisterna
ogni mal governa

Acqua, dieta e serviziale
guarisce d'ogni male

Aria da finestra,
colpo di balestra

Sole di vetro e aria di fessura
mandano in sepoltura

Doglia comunicata
è subito scemata

Dolor confidà
xe guario per metà (ven.)

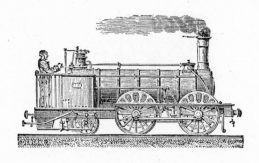

In casa stringi,
in viaggio spendi e in malattia spandi

Sanità e libertà
vaglion più d'una città

Il male viene a cavallo
e se ne va a piedi

Assai migliora
chi non peggiora

Bevi poco, mangia assai,
dormi in palco, e viverai

Camera terrena
corta vita mena

Chi è sano
è da più del sultano

Nessuno sa il sabato
se non chi lo digiuna

Quando il capello tira al bianchino
lascia la donna e tienti al vino

Peu de gens
savent être vieux

Caldo di panno
non fe' mai danno

*Né di state né di verno
non andar senza mantello*

Chi ha la sanità
è ricco e non lo sa

*I quattrini
non sono ogni cosa*

Chi vuol viver sano e lesto
mangi poco e ceni presto

Dopo desinare non camminare;
dopo cena, con dolce lena

De' mesi errati
non seder sopra gli erbati

Chi siede su la pietra fa tre danni:
infredda, agghiaccia il culo e guasta i panni

Doglia di testa
vuol minestra

Doglia di dente,
doglia di parente

Febbre autunnale
o è lunga o è mortale

Febbre di maggio,
salute per tutto l'anno

I dottori
non voglion superiori

Tutto il cervello
non è in una testa

Febbre terzana
non fe' mai suonar campana

Febbre quartana
il vecchio uccide e il giovane risana

Tosse d'estate
conduce al sagrato

Tosse d'inverno
vuol governo

Il formaggio
a merenda è oro,
a desinare argento,
a cena è piombo

Fromage et pain
est médecine au sain

Delizie temporali
portano mille mali

*Ne ammazza più la gola
che la spada*

Pan bollente,
molto in mano e poco nel ventre

*Roba calda
il corpo non salda*

Olio di lucerna
ogni mal governa

Dolori,
olio dentro e olio fuori

Se ti vuoi mantener sano
caccia via il rispetto umano

Né a tola né in leto
no ghe vol rispeto (ven.)

Latte e vino
ammazza il bambino

Chi vuol vedere il bambin fiorito
non lo levi dal pan bollito

Chi pon suo naso a consiglio,
l'un dice bianco e l'altro vermiglio

Hippocrate dit oui
mais Galien dit non

Medico vecchio
e barbiere giovane

Confessor vecio
e dotor più ancora (ven.)

Poco cibo e nullo affanno
sanità nel corpo fanno

Chi vuol viver sanamente
viva sobrio e allegramente

I PAESI E LE CITTÀ

Lingua senese
e bocca pistoiese

Lingua toscana
in bocca romana

Chi Roma non vede
nulla non crede

Corte romana
non vuol pecora sana

Corsica morsica

Genova
prende e non rende

A San Miniato
o tira vento o suona a magistrato

San Sivirì d'argento,
o pioe o sona a mórto o tira vento (march.)

Romagnuol della mala Romagna
o ti giunta o ti fa qualche magagna

Dio te guardi da la tignola
e da la gente romagnola (march.)

Siena di quattro cose è piena:
di torri, di campane,
di cavalieri e dame (*)

Quando le nuvole vanno a Siena
tutte le fosse fanno piena (*)

Bologna la grassa,
ma Padova la passa

Parma bell'arma,
Reggio gentile
e Modena un porcile

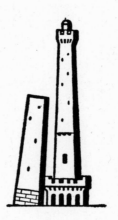

Compar di Puglia
l'un tiene e l'altro spoglia

Pugliese,
cento per forca e un per paese

Bando bolognese
dura trenta giorni meno un mese

Legge di Verona
dura da terza a nona

Legge fiorentina,
fatta la sera e guasta la mattina

Legge veneziana
dura una settimana

Massa,
guarda e passa (*)

Grosseto ingrossa,
Batignano fa la fossa,
Paganico sotterra,
Poggio alle Mura requiem eterna (*)

In Italia
troppe feste, troppe teste, troppe tempeste

Tanti galli a cantà
'n se fa mai giorno (march.)

LA SAGGEZZA E I CONSIGLI

Gioia e sciagura
sempre non dura

Non nevica tutto il verno

Chi pesca a canna
perde più che non guadagna

*Alle volte
costa più la salsa che il coniglio*

E' difficile
condurre il can vecchio a mano

L'uso doventa natura

E' un cattivo andare
contro la corrente

Chi piscia contro il vento
si bagna la camicia

L'orso sogna pere

Il porco sogna ghiande

Chi non mangia a desco
ha mangiato di fresco

Colombo pasciuto,
ciliegia amara

Tradimento piace assai,
traditor non piacque mai

Con traditori
né pace né tregua

Quando il pidocchio casca nella tramoggia
si pensa d'essere il mugnaio

On a plus aisément de l'or
que de l'exprit

Scarpa larga e bicchier pien,
togli il mondo come vien

*Chi se ne piglia
muore*

Faccia chi può prima che il tempo mute
che tutte le lasciate son perdute

*Tempo perduto
mai non si racquista*

Ognuno
vorrebbe il mestolo in mano

Chi ha il mestolo in mano
fa la minestra a modo suo

Va' in piazza, vedi e odi,
torna a casa, bevi e godi

Chi portasse al mercato i suoi guai,
ognuno ripiglierebbe i suoi

In casa de' ladri
non ci si ruba

Un diavolo
conosce l'altro

Anco le volpi vecchie
rimangono al laccio

Il n'est si bon charretier
qui ne verse

Chi vuole amici assai
ne provi pochi

Amici a scelta
e parenti come sono

Nobiltà poco si prezza
se vi manca la ricchezza

Necessità
abbassa nobiltà

I danari
son fatti per ispendere

La roba
è fatta per i bisogni

Uomo rosso e cane lanuto
piuttosto morto che conosciuto

Pilu rusciu, pilu canè (cannella),
liberamu sdominè (march.)

Chi dà per ricevere
non dà nulla

Chi dà per cortesia
dà con allegria

Il dare fa onore
e il chiedere è dolore

Dono molto aspettato
è venduto e non donato

Acqua lontana
non spegne il fuoco

Meglio un prossimo vicino
che un lontano cugino

Il male
unisce gli uomini

Aidons-nous mutuellement,
la charge des malheurs en sera plus légère

Can che abbaia
poco morde

Can che morde
non abbaia

Chi minaccia
non vuol dare

Chi lo dice
non lo fa

Più vale un pan con amore
che un cappone con dolore

*C'est le ton
qui fait la chanson*

Tutto fai
ma la casa con due porte mai

*La porta di dietro
è quella che ruba la casa*

119

Chi è a dozzina
non comanda

A chi s'accasa
la borsa resta rasa

Né mulo, né mulino,
né fiume, né forno, né signore per vicino

Casa che ha il buon vicino
val più qualche fiorino

Assai è ricco
a chi non manca

*Cuor contento
non sente stento*

In tempo di carestia
pan vecciato

*In mancanza di cavalli
gli asini trottano*

In chiesa co' santi
e all'osteria co' ghiottoni

Paese che vai
usanza che trovi

Tanto è ladro chi ruba
che chi tiene il sacco

Anche chi tiene il piede
aiuta a scorticare

A nave rotta
ogni vento è contrario

Chi ha denari e prati
non son mai impiccati

Corruccio è vano
senza forte mano

La raison du plus fort
est toujours la meilleure

Onora
il senno antico

Can vecchio
non abbaia invano

Chi dice mal dell'arte
non sarà de' consoli

Qui n'aime son métier
son métier ne l'aime

Carta canta
e villan dorme

Chi ben istrumenta
ben s'addormenta

Tutti non possono avere
la casa in piazza

Non tutti
si può stare in Mercato nuovo

**Mercante litigioso,
o fallito o pidocchioso**

*Misura e pesa,
non avrai contesa*

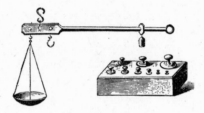

**Chi segue il prudente
mai se ne pente**

*Chi segue il rospo
cade nel fosso*

Chi altri tribola
sé non posa

Il cuore de' bricconi
è un mare in burrasca

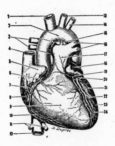

Chi ha arruffato la matassa
la strighi

Chi ha mangiato i baccelli
spazzi i gusci

Più si vive
e più se ne sente

Fino alla bara
sempre se ne impara

Rete nuova
non piglia uccello vecchio

Un uccello ammaliziato
non dà retta alla civetta

Dura più l'incudine
che il martello

Cuor forte
rompe cattiva sorte

Non s'incorona
se non chi combatte

Chi non soffre
non vince

Chi l'ha a mangiare
la lavi

A chi dole il dente
se lo cavi

Sopra l'albero caduto
ognuno corre a far legna

Quando la casa brucia
tutti si scaldano

Chi presta
male annesta

Chi presta sul gioco
piscia sul fuoco

Chi cavalca alla china,
o non è sua la bestia
o non la stima

Del cuoio d'altri
si fanno le correggie larghe

A chi veglia
tutto si rivela

*Buono studio
rompe rea fortuna*

Chi vuol esser ben servito
muti spesso

*On sait qui l'on quitte,
on ne sait pas qui l'on prend*

Non lisciare il pelo
al servitore

Il villano punge chi l'unge
e unge chi lo punge

Ordine, mezzo e ragione
governi ogni magione

Quando la donna folleggia
la fante danneggia

Pecore contate
il lupo se le mangia

Più si ha cura d'una cosa
più presto si perde

Non c'è uomo che non erri
né cavallo che non sferri

Non sempre sta il giudice
a banco

L'errare insegna
e il maestro si paga

*Ognuno
impara a sue spese*

Chi non fu buon soldato
non sarà buon capitano

*Bisogna prima esser garzone
e poi maestro*

Chi ha tegoli di vetro
non tiri sassi al vicino

Chi burla lo zoppo
badi d'essere diritto

Tanto va la rana al poggio
che ci lascia la pelle

Dio acconsente
ma non sempre

136

Porco pulito
non fu mai grasso

Mieux vaut trésor
d'honneur que d'or

Segreto confidato
non è più segreto

L'ami le plus dévoué
se tait sur ce qu'il ignore

Corruccio di fratelli
fa più che due flagelli

Tre fratelli,
tre castelli

Pan di figliuoli,
pene e duoli

Il est heureux qui a des enfants,
il n'est pas malheureux qui n'en a point

Tutto il male
non vien per nuocere

Non c'è male
senza bene

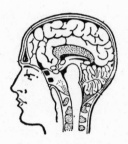

Chi più intende
più perdona

Chi è più gentile
e più s'arrende

La luna non cura
l'abbaiar de' cani

*Il fait bon vivre
et ne rien savoir*

Chi vince prima
perde il sacco e la farina

*Chi vince poi
perde il sacco e i buoi*

Chi sta fermo in casi avversi
buon amico può tenersi

I veri amici
son come le mosche bianche

L'asino non conosce la coda
se non quando non l'ha più

Il est difficile de trouver le bonheur en nous
et impossible de le trouver ailleurs

141

La farina del diavolo
va tutta in crusca

De diable vient
à diable ira

Assai vince
chi non gioca

Egli è molto da pregiare
chi ha perduto e lascia andare

Vai al mare
se ben vuoi pescare

Nel mar grosso
si pigliano i pesci grossi

A cane che invecchia
la volpe gli piscia addosso

Tutti son bravi
quando il nemico fugge

Nella terra del tiranno
trist'a quelli che vi stanno

Chi vive in libertà
non tenti il fato

Notai, birri e messi,
non t'impacciar con essi

Né a torto né a ragione
non ti lasciar mettere in prigione

Prima cerca il compagno
e poi la strada

Nella buona compagnia
non ci sta malinconia

Dal detto al fatto
c'è un gran tratto

Entre promettre et donner
doit-on sa fille marier

145

A ufo
non canta il cieco

Senza danari
non si hanno i paternostri

Fatta la festa
non v'è chi spazzi la sala

Val più un piacere da farsi
che cento di quelli fatti

Acqua che corre
non porta veleno

Fiume furioso
tosto rischiara

Chi non è in grazia
serve per nulla

Qui veut noyer son chien
l'accuse de la rage

Poco cacio,
poco Sant'Antonio

Poco cacio fresco,
poco San Francesco

Si fa prima l'opera
e poi si paga

Chi paga innanzi
è servito dopo

Allo stendardo
tardi va il codardo

*I bravi alla guerra
e i poltroni alla scodella*

I neutrali sono come chi sta al secondo piano,
che ha il fumo del primo e il piscio del terzo

*Il peggio partito
è quello di non averne nessuno*

A sangue caldo
nessun giudizio è saldo

La collera della sera
va serbata alla mattina

Non istuzzicare l'orso
quando gli fuma il naso

A pentola che bolle
gatta non s'accosta

A lunga corda tira
chi morte altrui desira

Morte desiderata,
cent'anni per la casa

Sempre par più grande
la parte del compagno

La crescia de la commà
è sempre più bona (march.)

L'abito non fa il monaco

La croce non fa il cavaliere

L'uomo si giudica male alla cera

L'apparenza inganna

Il pane degli altri
è troppo salato

Chi non ha libertà
non ha ilarità

A caval che corre
non abbisognano sproni

Per tutti li ca'
n'è fatta la catena (march.)

Amici cari
patti chiari e borsa del pari

Con ognun fa' patto,
coll'amico fanne quattro

Quando s'ha a rompere il collo
si trova la scala

Chi ha da morir di forca
può ballar sul fiume

Occhio maligno,
alma sventurata

L'invidioso si rode
e l'invidiato se la gode

Granata nuova
spazza ben tre giorni

Galli e garzù,
'n annu e non più (march.)

Chi si consiglia da sé
da sé si ritrova

Homme seul
est viande à loups

Gastiga il cane e il lupo
ma non il pel canuto

La vieillesse de l'homme demande de la vénération,
celle de la femme du tact

Amico di ventura
molto briga e poco dura

Amico di buon tempo
mutasi col vento

Chi vuol provar le pene dell'inferno,
d'estate il fabbro e l'ortolan d'inverno

D'inverno fornaio,
d'estate tavernaio

Dio manda il freddo
secondo i panni

A brebis tondue
Dieu mesure le vent

Chi va in collera
perde la scommessa

Il faut faire coucher
la colère à la porte

Il vero punge
e la bugia unge

Toute vérité
n'est pas bonne à croire

Can dell'ortolano non mangia la lattuga
e non la lascia mangiare agli altri

L'envie
est plus irréconciliable que la haine

Invito d'oste
non è senza costo

Oste di contado,
assassino o ladro

Ogni rosa
ha la sua spina

Non si può avere
le pere monde

Il male è per chi va,
chi campa si rifà

Pianto per morto
pianto corto

Alla fin del gioco
tanto va nel sacco il re quanto la pedina

La morte non sparagna
re di Francia né di Spagna

Al bere e al camminare
si conoscon le donne

Al pisciar
si conoscon le cavalle

Le cattive nuove
volano

Noa vona 'rria in piazza
quella trista la trapassa (march.)

Cuor determinato
non vuol esser consigliato

Animo risoluto
non ha orecchi

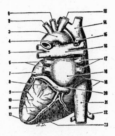

Ognuno si crede senza vizio
perché non ha quelli degli altri

Molti san tutto
e di se stessi nulla

A buon cavalier
non manca lancia

*A buona volontà
non manca facoltà*

Ogni cosa che senti
non è suono

*Chi tosto giudica
tosto si pente*

Chi vuol vada
e chi non vuol mandi

Non v'è più bel messo
che se stesso

Chi non è alle sue nozze,
o che son crude o che son troppo cotte

L'occhio del padrone
ingrassa il cavallo

Dall'asino
non cercar lana

Qui ne sait rien
de rien ne doute

Un male e un frate
rade volte soli

A qui il arrive un malheur
il en advient un autre

La peggior soma
è il non averne alcuna

Lavoro è sanità

La gallina che canta
ha fatto l'ovo

*Allo schiamazzo del gallo
si desta la volpe*

Bisogna fare i passi
secondo le gambe

Chi ha poco panno
porti il vestito corto

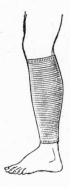

Parola detta e sasso tirato
non fu più suo

Parole di bocca e pietra gettata
chi le ricoglie perde la giornata

Chi ha poco
spenda meno

Chi la misura
la dura

Piccion grossi e cavalli a vettura,
è bravo chi la dura

Prodigo e bevitor di vino
non fa né forno né mulino

Fortuna i forti aiuta
e i timidi rifiuta

Chi non s'avventura
non ha ventura

Chi fugge il lupo
incontra il lupo e la volpe

Chi vuol viver senza pensieri
ne ha più degli altri

Tre cose fan l'uomo accorto:
lite, donna e porto

Vent au visage
rend l'homme sage

Cera, tela e frustagno,
bella bottega e poco guadagno

Olio, ferro e sale,
mercanzia reale

Chi nasce lupo
non muore agnello

Toujours fume
le mauvais tison

Bisogna fare
di necessità virtù

Il faut laisser courir le vent
par-dessus les tuiles

Non fu mai gloria
senza invidia

Jamais un envieux
ne pardonne au mérite

Chi ama la quiete
gode la villa

È meglio la pace de' villani
che la guerra de' cittadini

Alle prime minestre
non s'ingrassa

Alla fin del salmo
si canta il Gloria

Chi di dieci passi n'ha fatti nove
è alla metà del cammino

La coda
è la più cattiva a scorticare

Chi ha buon vino in casa
ha sempre i fiaschi alla porta

*Ognuno è amico
di chi ha buon fico*

Chi ha buon cavallo in stalla
può andare a piedi

*Chi del buono ha in cassa
può portare ogni straccia*

Ogni dì vien sera

Ogni erba divien paglia

Val più un amico
che cento parenti

Se il parente non è buono
fuggilo come il tuono

Il buon giudice
tosto intende e tardi giudica

De fou juge
brève (prompte) sentence

Cane non mangia cane

Corsaire à corsaire,
l'un l'autre s'attaquant ne font pas leurs affaires

177

Chi non vede il fondo
non passi l'acqua

È meglio aver paura
che la paura e il danno

Ogni acqua va al mare

Qui mange chapon
perdrix lui vient

Danari e santità,
metà della metà

Quattrini e fede,
meno ch'un si crede

A sentire una campana sola
si giudica male

Qui n'entend qu'une cloche
n'entend qu'un son

Chi si loda
s'imbroda

Sospiro e pianto
è nel vanto

I camini più alti
sono quelli che fanno meno fumo

Le mérite se cache,
il faut l'aller trouver

Non dir quattro
finché non è nel sacco

Non si vende la pelle
prima che s'ammazzi l'orso

Non metter bocca
dove non ti tocca

Di quel che non ti cale
non dir né ben né male

A parole lorde
orecchie sorde

Le parole disoneste
vanno attorno come la peste

Cortesia di bocca, mano al cappello,
poco costa ed è buono e bello

Douce parole
n'écorche langue

Un bel cammino
fa una bella stanza

Cammin torto,
cesso diritto

A chi va cercando rogna
non mancò mai da fare

Dove non t'appartiene,
né male né bene

Acqua cheta rovina i ponti

Acqua morta
vérmini porta (march.)

Chi lava il capo all'asino
perde il ranno e il sapone

Qui prie le vilain
se fatigue en vain

Del senno di poi
ne son piene le fosse

Quando è caduta la scala
ognun sa consigliare

Meglio avere in borsa
che stare a speranza

Chi vive a speranza
fa la fresca danza

Acqua torbida
non fa specchio

Ce qu'il faut chercher à connaître
c'est le fond du panier

Cavol riscaldato e garzon ritornato
non fu mai buono

Né amico riconciliato
né pietanza due volte cucinata

Chi più boschi cerca
più lupi trova

*Non cercar miglior pane
che di grano*

Chi vuol moglie a Pasqua
la quaresima se l'accatti

*A tard crie l'oiseau
quand il est pris*

Chi ha fretta indugi

*Pigliar vantaggio,
cosa da saggio*

Chi va piano va sano

*Chi va forte
va alla morte*

La paura
non ha ragione

Mal delibera
chi troppo teme

La paura del morire
è peggio della morte

Qui craint de souffrir
il souffre déjà ce qu'il craint

C'è più guai
che allegrezze

Per un dì di gioia
se ne ha mille di noia

A volte convien bere
per non affogare

È meglio perder la pelle
che il vitello

Doglia passata
comare dimenticata

*Chi promette nel bosco
dee mantenere in villa*

Tutto è fumo e vento
fuorché l'oro e l'argento

*Richesse fait le comte,
marquis, duc et empereur*

Chi abbisogna
non abbia vergogna

*Mejjo faccia roscia
che trippa moscia* (march.)

La mala vicina
dà l'ago senza il filo

*Chi ha il buon vicino
ha il buon mattutino*

Chi non sa fingere
non sa regnare

*Les bon celeurs
sont vainqueurs*

Volpe che dorme
vive sempre magra

*A porco pigro
non cadde pera mézza*

Soffri il male
e aspetta il bene

Vince colui
che soffre e dura

Per timore
non perder l'onore

Chi non vuol piedi sul collo
non s'inchini

Chi più n'ha
più n'adopri

Tout comprendre
rend très indulgent

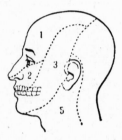

A can che lecca cenere
non gli fidar farina

Uomo avvertito,
mezzo munito

Chi vuole assai
non domandi poco

Fra Modesto
non fu mai priore

Non si può portar la croce
e cantare

Non si può strigliare
e tener la mula

Chi mura a secco
mura spesso

Chi mura d'inverno
mura in eterno

Fuoco, lume e oriolo
non ti fanno star solo

Il lume
è una mezza compagnia

Non bisogna imbarcarsi
senza biscotto

Chi va a caccia senza cani
torna a casa senza lepri

Chi ha tutto il suo in un loco
l'ha nel foco

Il ne faut pas mettre
tous ses oeufs dans le même panier

In panno fino
sta la tarma

Nelle belle muraglie
si genera il serpe

Tristo a quell'uccello
che nasce in cattiva valle

Contro sorte avversa
ogni buon carrettier versa

A cavallo mangiatore
capestro corto

*A cattivo cane
corto legame*

Chi guarda a ogni penna
non fa mai letto

*Chi guarda a ogni nuvolo
non fa mai viaggio*

Chi va diritto
non fallisce strada

*Les préjugés
sont la raison des sots*

Chi la fa se la dimentica,
ma non chi la riceve

*Plus l'offenseur est cher
et plus grande est l'offense*

Abbi pur fiorini
che troverai cugini

A granaio vuoto
formica non frequenta

Chi si mette tra la semola
gli asini se lo mangiano

Chi canto si fa
tutti i cani gli pisciano addosso

Il tempo passa
e porta via ogni cosa

*Le moment où je parle
est déjà loin de moi*

Non si porta seco all'altro mondo
se non il bene che s'è fatto

*Le chemin est assez mauvais
sans nous jeter encor des pierres*

204

INDICE DEI PROVERBI TOSCANI

contenuti in questo volume

A

Abbi pur fiorini	202
A buon cavalier	164
A buona volontà	164
A can che lecca cenere	195
A cane che invecchia	143
A cattivo cane	200
A caval che corre	153
A cavallo mangiatore	200
A chi dole il dente	130
A chi s'accasa	120
A chi va cercando rogna	183
A chi veglia	132
Acqua che corre	147
Acqua cheta rovina i ponti.	184
Acqua di cisterna	83
Acqua, dieta e serviziale	83
Acqua e pane	76
Acqua lontana	117
Acqua minuta bagna	41
Acqua passata	32
Acqua torbida	186
A donna bianca	9
A donna di gran bellezza	10
Agli amanti fiorai	7
A granaio vuoto	202
Ai peggio porci	32
Al bere e al camminare	162
Al buio la villana	29
Al cavallo	42
Al contadino non gli far sapere	72
Alla candela	28

Alla fin del gioco	161
Alla fin del salmo	174
Alla porta chiusa	21
All'Ave Maria	49
Alle prime minestre	174
Alle volte costa più	107
Allo schiamazzo del gallo	167
Allo stendardo	149
Al lume di lucerna	28
Al pisciar	162
Alte o basse nell'aprile	57
A lunga corda tira	151
Al villano	44
Amici a scelta	114
Amici cari	154
Amico di buon tempo	157
Amico di ventura	157
Amore nuovo va e viene	8
Amore onorato	21
A nave rotta	123
Anche chi tiene il piede	122
Anco le volpi vecchie	113
Animo risoluto	163
Anno ficaio	41
Anno nevoso	41
A Ognissanti	66
A parole lorde	182
A pentola che bolle	150
A porco pigro	193
Aprile, ogni giorno	58
Aprile quando piange	54
Aria da finestra	83
Aria rossa da sera	53
A sangue caldo	150

A San Mattia 51
A San Miniato 100
A San Simone 66
A sentire una campana sola 179
Assai è ricco 121
Assai migliora 85
Assai vince 142
A ufo 146
A volte convien bere 190

B

Bando bolognese 103
Bella faccia 11
Beltà e follia 10
Bevi poco, mangia assai 85
Bisogna fare di necessità virtù. 172
Bisogna fare i passi 168
Bisogna levarsi da tavola 71
Bisogna prima esser garzone 135
Bologna la grassa 102
Bontà passa beltà. 11
Buon fuoco fa buon cuoco. 77
Buono studio 132
Brache, tela e meloni 63
Broccoli e predicatori 78

C

Cacio serrato 73
Calcio di stallone 8
Caldo di panno 87
Camera terrena 85
Cammin torto 183
Can che abbaia poco morde. 118
Can che morde 118
Can dell'ortolano 159
Cane non mangia cane. 177
Can vecchio 124
Cappone non perde mai stagione. 79
Carne di gallo 71
Carne tirante 71
Carta canta 125
Casa che ha il buon vicino 120

Casa fatta e vigna posta non si sa 45
Castello che dà orecchia 21
Caval che suda 34
Caval d'Olanda 55
Cavallo e cavalla 42
Cavol riscaldato 186
C'è più guai che allegrezze. 190
Cera, tela e frustagno 171
Chi abbisogna 192
Chi altri tribola 127
Chi ama donna maritata 22
Chi ama il forestiero 9
Chi ama il ver non vede. 27
Chi ama la quiete 173
Chi aspetta, Dio l'assetta. 23
Chi ben istrumenta ben s'addormenta. 125
Chi burla lo zoppo 136
Chi canto si fa 202
Chi cavalca alla china 131
Chi cucina colle frasche 25
Chi dà per cortesia 116
Chi dà per ricevere 116
Chi del buono ha in cassa 175
Chi dice mal dell'arte 124
Chi di dieci passi 174
Chi di gallina nasce 20
Chi di lontano si va a maritare 16
Chi due lepri caccia 36
Chi edifica 45
Chi è a dozzina 120
Chi è più gentile 139
Chi è sano 86
Chi è savio si conosce 49
Chi è uso al campo 44
Chi fa il Ceppo al sole 67
Chi fugge il lupo 170
Chi guarda a ogni nuvolo 200
Chi guarda a ogni penna 200
Chi ha arruffato la matassa 127
Chi ha bella donna 10
Chi ha bella moglie 11
Chi ha buon cavallo in stalla 175
Chi ha buon vino in casa 175
Chi ha da morir di forca 154

Chi ha denari e prati	123
Chi ha fretta indugi.	188
Chi ha il buon vicino	192
Chi ha il mestolo in mano	112
Chi ha il neo e non lo vede	38
Chi ha il neo sopra la cintura	38
Chi ha la sanità	87
Chi ha le buche nelle gote	13
Chi ha mangiato i baccelli	127
Chi ha poco panno	168
Chi ha poco spenda meno.	169
Chi ha quattrini da buttar via	47
Chi ha tegoli di vetro	136
Chi ha tutto il suo in un loco	198
Chi incontra buona moglie	35
Chi la fa se la dimentica	201
Chi la misura	169
Chi lava il capo all'asino	184
Chi l'ha a mangiare	130
Chi lo dice	118
Chi minaccia	118
Chi mura a secco	197
Chi mura d'inverno	197
Chi nasce lupo	172
Chi non è alle sue nozze	165
Chi non è in grazia	147
Chi non fu buon soldato	135
Chi non ha il gatto	45
Chi non ha libertà	153
Chi non mangia a desco	109
Chi non risica	22
Chi non sa fingere	193
Chi non s'avventura	170
Chi non soffre	129
Chi non vede il fondo	178
Chi non vuol piedi sul collo	194
Chi paga innanzi	148
Chi pesca a canna	107
Chi pianta datteri	65
Chi piscia contro il vento	108
Chi più boschi cerca	187
Chi più intende	139
Chi più n'ha più n'adopri.	195
Chi pon suo naso a consiglio	94
Chi portasse al mercato	112
Chi presta male annesta	131
Chi presta sul gioco	131
Chi promette nel bosco	191
Chi Roma non vede	99
Chi sa ben trovar meloni	12
Chi segue il prudente	126
Chi segue il rospo	126
Chi semina con l'acqua	65
Chi se ne piglia muore.	111
Chi si consiglia da sé	156
Chi siede su la pietra	88
Chi si loda s'imbroda.	180
Chi si marita con parenti	28
Chi si mette tra la semola	202
Chi si ripara sotto la frasca	49
Chi soffre per amor	8
Chi sta fermo in casi avversi	141
Chi tosto giudica	164
Chi va a caccia senza cani	198
Chi va diritto	201
Chi va forte	188
Chi va in collera	158
Chi va piano va sano.	188
Chi vince poi	140
Chi vince prima	140
Chi vive a speranza	185
Chi vive carnalmente	24
Chi vive in libertà	144
Chi vuole amici assai	114
Chi vuole assai	196
Chi vuol esser ben servito	132
Chi vuole un pero	65
Chi vuol moglie a Pasqua	187
Chi vuol provar le pene dell'inferno	157
Chi vuol vada	165
Chi vuol vedere il bambin fiorito	94
Chi vuol viver sanamente	95
Chi vuol viver sano	88
Chi vuol viver senza pensieri	170
Colombo pasciuto	109
Compar di Puglia	102
Con ognun fa' patto	154
Con traditori	110
Contro amore	27

Contro sorte avversa	199
Corruccio di fratelli	138
Corruccio è vano	123
Corsica morsica.	100
Corte romana	99
Cortesia di bocca	182
Cuor contento	121
Cuor determinato	163
Cuor forte	129

D

Dal detto al fatto	145
Dall'asino non cercar lana.	166
Danari e santità	179
D'aprile non ti scuoprire	56
Da Santa Lucia a Natale	67
Del cuoio d'altri	131
Delizie temporali	92
Delle Cere la giornata	50
Dell'oca mangiane poca.	74
De' mesi errati	88
Del senno di poi	185
Detto d'amore	29
Di marzo chi non ha scarpe	53
D'inverno fornaio	157
Dio acconsente	136
Dio manda il freddo	158
Dio ti guardi da furia di vento	3
Di quel che non ti cale	181
Disegno di pover uomo	48
Di settembre e d'agosto	64
Doglia comunicata	84
Doglia di dente	89
Doglia di testa vuol minestra.	89
Doglia passata	191
Dolori, olio dentro	93
Donna adorna	15
Donna buona	15
Donna e fuoco	24
Donna e luna	14
Donna oziosa	15
Donna pregata nega	33
Donna prudente	15
Donna specchiante	12

Donne e oche	17
Donne e sardine	16
Dono molto aspettato	116
Dopo desinare non camminare	88
D'ottobre il vin nelle doghe.	64
Dov'è l'amore	33
Dove non t'appartiene	183
Dove vi son figliuoli	37
Dura più l'incudine	129

E

È difficile condurre il can vecchio	108
Egli è molto da pregiare	142
È meglio aver paura	178
È meglio la pace de' villani	173
È meglio perder la pelle	190
È meglio una cattiva parola	27
Erba cruda, fave cotte	77
È un cattivo andare	108

F

Faccia chi può	111
Fa più il padrone co' suoi occhi	47
Fatta la festa	146
Fava e mela	77
Febbre autunnale	89
Febbre di maggio	89
Febbre quartana	90
Febbre terzana	90
Ferraietto è corto e maledetto.	48
Figlie, vigne e giardini	19
Figliuole d'osti	25
Figliuole e frittelle	19
Figliuoli e lenzuoli	19
Fino ai Santi fiorentini	56
Fino alla bara	128
Fiume furioso	147
Fiume, grondaia e donna parlatora	17
Formaggio, pane e pere	76

Formaggio, pere e pane 76
Fortuna i forti aiuta 170
Fra Modesto 196
Fuoco che arde in cima 77
Fuoco, lume e oriolo 197

G

Gastiga il cane e il lupo 156
Gennaio, ovaio. 48
Genova prende e non rende. 100
Gioia e sciagura 107
Giovane ritirata 17
Giugno, luglio e agosto, né
acqua 23
Giuramento d'amante 7
Gli amori nuovi 31
Granata nuova 155
Grosseto ingrossa 104

I

I bravi alla guerra 149
I camini più alti 180
I danari son fatti per ispen-
dere. 115
I dottori non voglion supe-
riori. 90
Il bruno il bel non toglie 9
Il buon giudice tosto intende 177
Il cacio è sano 73
Il cuore de' bricconi 127
Il dare fa onore 116
Il formaggio a merenda 91
Il letto è buona cosa 14
Il lume è una mezza compa-
gnia. 197
Il male è per chi va 161
Il male unisce gli uomini. 117
Il male viene a cavallo 85
Il pane degli altri è troppo
salato. 153
Il pane di casa stufa. 22
Il parentato dev'esser pari. 31
Il peggio partito 149

Il porco sogna ghiande. 109
Il pover uomo non fa mai
ben 48
Il tempo passa 203
Il troppo guasta 75
Il variar vivande 36
Il vero punge 159
Il villano punge chi l'unge 133
Il villano venderà il podere 72
Il villano viene sempre col
disegno fatto. 44
Il vino al sapore 73
In casa de' galantuomini 18
In casa de' ladri 113
In casa stringi 84
In chiesa co' santi 122
In commercio e in amore 26
I neutrali 149
In Italia troppe feste 104
In mancanza di cavalli 121
In panno fino 199
In tempo di carestia 121
Invito d'oste 160
I quattrini non sono ogni
cosa. 87
I santi vecchi 31
I veri amici 141

L

L'abito non fa il monaco. 152
La castità è la prima beltà. 21
La coda è la più cattiva a
scorticare. 174
La collera della sera 150
La croce non fa il cavaliere. 152
La donna alla finestra 20
La fame caccia il lupo dal
bosco. 72
La farina del diavolo 142
La gallina che canta 167
La luna non cura 140
La mala vicina 192
L'amore di carnevale 8
La morte non sparagna 161
La paura del morire 189

La paura non ha ragione. 189
La peggior soma 167
La porta di dietro 119
L'apparenza inganna. 152
La prim'acqua d'agosto 63
La quercia non fa limoni. 20
La ragazza è come la perla 17
La roba è fatta per i bisogni. 115
L'asino non conosce la coda 141
La tavola e il letto 14
Latte e vino 94
Lavoro è sanità. 167
Le bellezze son le prime spe-
dite. 13
Le cattive nuove volano. 162
Legge di Verona 103
Legge fiorentina 103
Legge veneziana 103
Le parole disoneste 182
L'errare insegna 135
Lettere al culo 42
Lingua senese 99
Lingua toscana 99
L'innamorato 26
L'invidioso si rode 155
L'occhio del padrone 165
L'occhio vuol la sua parte. 26
L'orso sogna pere. 109
L'uomo si giudica male alla
cera. 152
Lupo affamato 72
L'uso doventa natura. 108

M

Maggio fresco e casa calda 58
Maggio giardinaio 59
Maggio ortolano 59
Mal delibera chi troppo teme. 189
Marzo molle 54
Massa, guarda e passa. 104
Medico vecchio 95
Meglio avere in borsa 185
Meglio un prossimo vicino 117
Mercante litigioso 126
Misura e pesa 126

Moglie e ronzino 16
Molti san tutto 163
Montagna chiara e marina
scura 60
Montanini, cervelli fini. 47
Montanini e gente acquatica 47
Morte desiderata 151

N

Né amico riconciliato 186
Ne ammazza più la gola 96
Né a torto né a ragione 144
Necessità abbassa nobiltà. 114
Né di state né di verno 87
Né il re né il desinare 78
Nella botte piccola 16
Nella buona compagnia 145
Nella terra del tiranno 144
Nelle belle muraglie 199
Nel mar grosso 143
Nel marzo un sole e un
guazzo. 54
Né mulo, né mulino 120
Nessuno sa il sabato 86
Nobiltà poco si prezza 114
Noci e pane, pasto da villano 75
Non bazzichi prete e soldato 25
Non bisogna imbarcarsi 198
Non c'è male senza bene. 139
Non cercar miglior pane 187
Non c'è uomo che non erri 134
Non dare i calzoni alla mo-
glie. 18
Non dir quattro 181
Non fu mai gloria 173
Non fu mai vento senz'acqua 63
Non fu mai villano 44
Non istuzzicare l'orso 150
Non lisciare il pelo 133
Non metter bocca 181
Non nevica tutto il verno. 107
Non segue matrimonio 37
Non sempre sta il giudice a
banco. 134
Non s'incorona 129

Non si porta seco 203
Non si può avere le pere
   monde. 160
Non si può portar la croce 196
Non si può strigliare 196
Non si vende la pelle 181
Non tutti si può stare 125
Non v'è più bel messo 165
Notai, birri e messi 144
Nozze e magistrato 28
Nuvolo da ponente 62
Nuvolo di montagna 62

O

Occhio maligno 155
Ogni acqua va al mare. 178
Ogni cosa che senti 164
Ogni cosa vuol misura. 75
Ogni dì vien sera. 176
Ogni erba divien paglia. 176
Ogni rosa ha la sua spina. 160
Ognuno è amico di chi ha
   buon fico. 175
Ognuno impara a sue spese. 135
Ognuno si crede senza vizio 163
Ognuno vorrebbe il mestolo
   in mano. 112
Olio di lucerna 93
Olio, ferro e sale 171
Onestà e gentilezza 11
Onora il senno antico. 124
Ordine, mezzo e ragione 133
Orzo e paglia 42
Oste di contado 160
Ovo senza sale 74

P

Paese che vai 122
Pan bollente 92
Pan di figliuoli 138
Pane di fratello 27
Pane e coltello 76
Pane, noci e fichisecchi 75

Pane un tantino 73
Pari con pari 31
Parma bell'arma 102
Parola detta 168
Parole di bocca 168
Pasqua tanto desiata 57
Pecore contate 134
Pecore e donne 13
Per San Bastiano un'ora ab-
   biamo. 67
Per Santa Caterina 66
Per Santa Croce pane e noce. 64
Per San Valentino 52
Per timore non perder l'ono-
   re. 194
Per un dì di gioia 190
Pianto per morto 161
Piccion grossi 169
Piglia casa con focolare 12
Pigliar vantaggio 188
Pignatta vuota 30
Più si ha cura d'una cosa 134
Più si vive 128
Più vale un pan con amore 119
Poco cacio fresco 148
Poco cacio, poco Sant'Anto-
   nio. 148
Poco cibo e nullo affanno 95
Porco d'un mese 74
Porco pulito 137
Porta stanca diventa santa. 24
Predica e popone 77
Prima cerca il compagno 145
Prodigo e bevitor di vino 169
Pugliese, cento per forca 102
Pulito amante 30

Q

Quando è caduta la scala 185
Quando è chiara la marina 60
Quando è chiara la montagna 61
Quando è seren 61
Quando il capello 86
Quando il cielo è a falde di
   lana 59

Quando il gallo canta a pollaio 50
Quando il padrone 45
Quando il pidocchio 110
Quando la casa brucia 130
Quando la donna folleggia 133
Quando la donna rimena l'anca 35
Quando lampeggia da ponente 61
Quando lampeggia da tramontana 61
Quando l'anno vien bisesto 43
Quando le nuvole 101
Quando non si può più 24
Quando piove alla buon'ora 52
Quando piove e tira vento 52
Quando scema la luna 65
Quando s'ha a rompere il collo 154
Quando tu senti cantar la cica 23
Quando vedi la nespola 62
Quattrini e fede 179

R

Ragazza che dura 23
Rete nuova non piglia 128
Roba calda 92
Romagnuol della mala Romagna 101

S

San Benedetto 52
Sanità e libertà 84
San Marco evangelista 56
San Niccolò di Bari 56
Santa Barbara 66
Sant'Antonio dalla barba bianca 51
Scarpa larga 111
Sdegno d'amante 29
Segreto confidato 137

Se il cavallo è buono e bello 55
Se il parente non è buono 176
Se maggio va fresco 58
Sempre par più grande 151
Senza Cerere e Bacco 30
Senza danari 146
Se piove per l'Ascensa 60
Se piove per Sant'Anna 60
Sera rossa 53
Seren di notte 46
Seren fatto di notte 46
Se ti vuoi mantener sano 93
Siena di quattro cose è piena 101
Si fa prima l'opera 148
Soffri il male 194
Sole d'alta levata 46
Sole d'inverno 46
Sole di vetro 83
Son tre cose che gabbano 41
Sopra l'albero caduto 130
Sospiro e pianto 180
Stoppa e fuoco 34
Suocera e nuora 7

T

Tanto è ladro chi ruba 122
Tanto va la rana 136
Tanto vale il cardone senza sale 22
Tavola e bicchiere 71
Tempo perduto mai non si racquista. 111
Temporal di notte 51
Terra bianca 55
Terra magra 43
Terra nera 55
Terren grasso 43
Tosse d'estate 91
Tosse d'inverno 91
Tradimento piace assai 110
Tra vespro e nona 49
Tre cose fan l'uomo accorto 171
Tre fratelli, tre castelli. 138
Tristo a quell'uccello 199
Tutti non possono avere 125

212

Tutti son bravi quando il nemico fugge. 143
Tutto è fumo e vento 191
Tutto fai 119
Tutto il cervello 90
Tutto il male non vien per nuocere. 139

U

Un bel cammino 183
Un diavolo conosce l'altro. 113
Un male e un frate 166
Un uccello ammaliziato 128
Un uovo vuol sale e fuoco. 74
Uomo avvertito 195
Uomo e donna in stretto loco 34

Uomo nasuto 25
Uomo rosso e cane lanuto 115
Uomo zelante 30

V

Vai al mare se ben vuoi pescare. 143
Va' in piazza, vedi e odi 112
Val più un amico 176
Val più un piacere da farsi 146
Vecchia gallina 79
Venga Pasqua quando si voglia 57
Vento senese 63
Vince colui che soffre e dura. 194
Volpe che dorme vive sempre magra. 193

INDICE

Presentazione	pag.	V
Nota introduttiva	»	VII
La donna e l'amore	»	5
Il tempo e l'agricoltura	»	39
La tavola e il vino	»	69
La salute e la malattia	»	81
I paesi e le città	»	97
La saggezza e i consigli	»	105
Indice dei proverbi toscani contenuti in questo volume	»	205

Finito di stampare il 12 marzo 1974
con i tipi della Tiferno Grafica
di Città di Castello